AF248238

ORGANISATION

DU

TRAVAIL

EN FRANCE

TRAVAIL	TRAVAIL
de tous	pour tous

PAR CORNU AINÉ

Comment deux idées simples peuvent faire plus pour la prospérité d'un peuple, que des volumes de théorie ?	Établissement central de renseignements mutuels pour tous les travailleurs.

OFFICE GÉNÉRAL D'ENCOURAGEMENT
POUR TOUT CE QUI A RAPPORT AUX ARTS,
AUX SCIENCES, A L'INDUSTRIE, A L'AGRICULTURE, AU COMMERCE,
AINSI QU'AUX PERSONNES SANS TRAVAUX, SANS PLACE
OU SANS EMPLOI

—

PREMIÈRE PARTIE

Prix : 50 centimes

PARIS

PASSAGE DES PANORAMAS, GALERIE DES VARIÉTÉS, 21 ET 23

—

1854

PROPOSITION

D'ORGANISATION

DU TRAVAIL.

HABITANTS DE PARIS,

L'absence de relations au milieu d'une population immense, dont les individus vivent presque étrangers les uns aux autres, l'impossibilité de se procurer des renseignements exacts et qui demandent de nombreuses et pénibles démarches, ont rendu indispensable, à Paris, un ÉTABLISSEMENT CENTRAL POUR LE TRAVAIL. Cet établissement est un des besoins de l'époque, et on peut s'étonner qu'il ne soit venu encore à l'idée de personne, de réaliser cette pensée éminemment utile, nous dirons plus, indispensable.

Nos observations nous ont mis à même de nous convaincre combien il est difficile à la classe des employés, ouvriers ou domestiques de se placer, alors qu'ils se trouvent sans emploi, surtout à leur arrivée à Paris; plus grande encore est la difficulté pour ceux qui arrivent des pays étrangers, sans connaissances pour la plupart, sans argent pour un grand nombre, et ignorant le plus souvent jusqu'aux premiers éléments de la langue française, par cela même exposés à tous les écueils qui menacent si souvent les jeunes gens et les jeunes personnes qui, sans expérience, quittent parents, famille, et sans réflexions, vont chercher fortune dans un pays qu'ils ne connaissent pas, se trouvant, sinon tous, du moins en grand nombre, réduits à la plus affreuse misère, poussés au désespoir et quelquefois même au crime! Combien d'individus se mettent en route pour la capitale avec cette espérance vague, qu'une fois à Paris (*ce pays des merveilles*), rien ne devra leur manquer! Oui, un trop grand nombre de jeunes gens et de jeunes filles surtout, s'abandonnent ainsi à tous les caprices et à tous les hasards de la fortune, suivant les bonnes ou mauvaises maisons où ils tombent, ou, tout au moins, suivant la moralité ou la position des premières personnes avec lesquelles ils se mettent en relation : ce qui fait que Paris est encore aujourd'hui, pour tout étranger qui y arrive, une véritable LOTERIE.

Que de temps précieux, l'OUVRIER sans travail, le DOMESTIQUE sans place, ou l'EMPLOYÉ sans emploi, n'est-il pas obligé de perdre en parcourant ainsi tous les quartiers de Paris avec l'intention de recueillir quelque renseignement qui puisse lui indiquer là où il y a du travail ou un emploi.

Tout ceci est l'œuvre du défaut d'un principe d'organisation.

Qu'a-t-on fait et inventé jusqu'à ce jour pour les guider dans leurs recherches? Quelle est la chose qui puisse indiquer à ces individus que là, dans telle ou telle maison, dans tel ou tel établissement, il y a telle ou telle place, tel ou tel emploi vacant : rien, absolument rien. Hélas! il y a pourtant des SOI-DISANT BUREAUX DE PLACEMENT, il y en a même un très-grand nombre à Paris, mais ils sont suffisamment connus; car, sauf quelques exceptions, ils ont mérité depuis longtemps la censure de l'humanité. Et cela, je le répète, faute d'organisation, faute d'avoir établi un point central qui permette à l'ouvrier, au domestique, comme à l'employé sans place ou sans emploi, de pouvoir se renseigner utilement à chaque heure du jour et sans se déranger. Les demandes d'ouvriers, d'employés ou de domestiques pourraient donc être à l'ordre du jour ou adressées par les maîtres à la direction de l'établissement. L'industrie, comme l'agriculture, ces deux sources de richesses, n'ont aujourd'hui encore, ni règle, ni organisation, ni but. L'industrie surtout est une machine qui fonctionne sans régulateur.

Un établissement spécial pour les travailleurs est donc une nécessité de l'époque, et son défaut nous prouve que nous vivons encore dans un véritable état de confusion et au jour le jour. Par ce fait seul, les gouvernements en sont à ignorer encore la cause qui est la plus essentielle à leur conservation, celle de connaître la position réelle de leurs sujets et conséquemment la leur.

Un point central d'offres d'emploi pour toutes les classes d'employés, de domestiques ou d'ouvriers, est donc évidemment un établissement d'utilité publique que chacun réclame depuis longtemps. La ville de Paris, et mieux encore le gouvernement, rendraient un service immense en faisant construire un ÉDIFICE à cet effet (*peu importe le nom qu'on lui donnerait*), édifice qui serait construit de manière à ce que chaque profession y ait son bureau de renseignements sans se consumer en déplacements inutiles. Que là, chacun trouve de l'emploi ou des travaux suivant sa force, son intelligence ou son état. Que celui qu'une cause quelconque, soit d'accident, soit de maladie, mettrait dans l'impossibilité de pouvoir continuer sa place, son emploi ou son état, puisse, sans avoir à se déranger, faire changer son livret; ce qui serait également dans les attributions de l'établissement, *bureau des classes.*

Ainsi, par cette innovation, chaque individu qu'une cause quelconque obligerait de changer d'état, pourrait reprendre sa nouvelle profession ou son nouvel emploi sans perte de temps et conséquemment, sans que lui ou sa famille ait à souffrir des conséquences inévitables en pareille circonstance.

Non-seulement cet établissement serait d'une utilité incontestable à la classe des travailleurs, mais il le serait aussi à tous les sujets en âge d'apprendre un état, ou aptes à se lancer dans une profession quelconque, suivant leur aptitude, leur goût, la force des circonstances, ou les emplois offerts par le bureau des classes.

Cette innovation serait d'un bien immense, incalculable, car il empêcherait la plupart des jeunes gens et des jeunes femmes, qui viennent chercher fortune à Paris, sans trop s'inquiéter ou ils pourront la trouver, de se jeter dans les bras de la débauche et du libertinage, exploitant leur jeunesse et perdant leur avenir et celui de leur famille, ainsi que cela se voit trop communément de nos jours.

On connaîtrait mieux aussi ces créatures qui, rebut de tous les vices, font mine de sagesse durant l'espace de temps nécessaire à pouvoir gagner la confiance d'un honnête ouvrier et se marier. L'ouvrier, dans l'ouvrière qui serait restée honnête parce que le pain du travail ne lui aurait jamais manqué, trouverait à l'avenir une femme honnête, économe, laborieuse, et surtout bonne mère de famille et conséquemment incapable d'abandonner ses enfants ou de les laisser dans un état d'indiscipline qui en fait dans la suite de petits vagabonds qui deviennent tôt ou tard, et souvent malgré eux, la pâture des tribunaux.

Voir à cet effet la brochure intitulée :

ADOPTION DES ENFANTS ABANDONNÉS

PROPOSÉE

à Sa Majesté l'Impératrice

PAR M. OBRIOT

DOCTEUR EN DROIT, AVOCAT A LA COUR IMPÉRIALE DE PARIS (1).

Afin de répondre à l'appel honorable qu'à fait M. Obriot à tous les amis de l'humanité, de la société et de la famille, au sujet des enfants abandonnés qu'il réclame tous les jours devant les tribunaux, à l'effet de leur épargner les horreurs

(1) Cette brochure, qui se vend 50 centimes, se trouve chez l'auteur, rue des Mathurins-Saint-Jacques, n° 10.

de la prison, l'établissement aurait pour mission de placer non pas seulement à Paris, mais aussi, et de préférence, en province, ces petits malheureux qui donnent à espérer quelque chose de bien et qui montrent de bonnes dispositions.

Indépendamment de tous ces avantages, et dans l'état de chômage et de crise surtout, notre établissement pourrait servir au gouvernement à se rendre compte, d'une manière exacte, des bras employés et de ceux qui seraient réduits à l'état de chômage, et par ce fait, aviserait au moyen de pouvoir les employer ou de décentraliser ceux en plus grand nombre sans emplois ou sans travaux.

Rien de plus facile au gouvernement (qui adopterait notre proposition) de se rendre compte de la position réelle de tout son peuple, chose tout-à-fait impossible avec le système d'organisation actuel. Celui que nous proposons est de nature à pouvoir être mis en pratique, non-seulement à Paris ou dans quelques-unes de nos grandes villes, mais encore dans tous les chefs-lieux de département, d'arrondissement et de canton, où il serait établi un COMMISSAIRE DES TRAVAUX, lequel aurait pour mission de s'occuper du travail et des travailleurs. La mission de ces commissaires des travaux serait donc des plus utiles à l'humanité et même au gouvernement.

Pour atteindre d'une manière rationnelle le but que nous nous proposons, nous dirons que le gouvernement aurait à faire sortir un décret ayant pour objet de faire prendre des LIVRETS A TOUTES LES CLASSES de travailleurs, d'employés ou de domestiques des deux sexes, en un mot, à tout individu placé dans la condition d'aller au service d'autrui pour y gagner sa vie.

Cette mesure serait *applicable à tous les sujets de l'Empire, ainsi qu'aux étrangers qui y séjournent.*

Le livret serait uniforme pour tous les pays ou possessions françaises, et, au lieu de rester dans les mains des ouvriers, ainsi que cela se pratique encore, le livret resterait entre les mains du maître pendant tout le temps que l'individu serait à son service, tel que cela existe en partie aujourd'hui;

mais, au lieu de remettre le livret à l'ouvrier qui quitte son maître ou patron, ce dernier aurait à envoyer le livret au commissaire des travaux qui le conserverait jusqu'à ce que celui à qui il appartiendrait, aille lui-même informer ce commissaire pour que ce dernier ait à envoyer son livret à l'adresse de son nouveau patron.

Ainsi donc, par le moyen que nous indiquons, aucun ouvrier ne serait porteur de son livret, et le gouvernement, d'après le rapport de chacun des commissaires des travaux, donnerait à connaître à l'établissement central (Paris) quel est le nombre de livrets qui seraient dans les cartons, à quelle catégorie ils appartiennent, et quelle est la moralité des sujets; par ce moyen, on connaîtrait d'une manière précise la position des travailleurs les plus recommandables, les plus attachés à leurs travaux, et enfin, ceux qui ne travaillent presque jamais.

Tandis que sous la législation actuelle, l'ouvrier n'a qu'à faire légaliser la signature du maître alors qu'il le quitte, et encore bon nombre n'y sont pas soumis, ou ne le font pas; puis, emportant leur livret, tout moyen de contrôle est annulé et la police ignore complétement ce qu'elle ne devrait pas ignorer; c'est-à-dire, la vie, la conduite ou le temps qu'emploient les individus en général.

Au moyen d'un rapport que Messieurs les maîtres ou chefs d'établissements seraient obligés de consigner sur le livret, on pourrait même faire connaître le montant de la somme perçue par l'ouvrier ou l'employé par chaque mois de travail, cette somme serait tout à la fois portée dans les registres du maître et sur le livret, et le maître cesserait dès-lors d'être cru sur sa seule affirmation; par cette méthode, chacun des commissaires pourrait se rendre compte de la position de chacun des travailleurs, de ses ressources, produit d'un vrai travail, et, par ce fait, atteindrait ce double but, impossible avec le système de police actuel, celui de pouvoir *distinguer le bon et l'honnête travailleur* qui n'existe qu'avec le fruit de son travail, de celui qui, au contraire, n'est travailleur que de nom, et dont le livret ou la patente ne lui sert le plus souvent que de manteau pour cacher mainte industrie préjudiciable à l'humanité.

Avec notre système, cette classe d'êtres nuisibles, que les partis font mouvoir avec de l'argent comme machine à troubler l'ordre, finirait par disparaître peu à peu, et la société n'en serait que plus tranquille.

Avec notre système, alors qu'un commissaire de police arrêterait un honnête ouvrier pour une cause vague et puérile, cet ouvrier donnerait au commissaire des preuves matérielles et morales qu'il est tel sujet et non tel autre; il pourrait se faire réclamer par le commissaire des travaux qui, dans bien des circonstances, lui servirait de père ou de tuteur; qui serait l'AVOCAT de celui qui, faute d'avoir reçu une certaine éducation qui le mette à même de pouvoir défendre sa cause, sa liberté, son avenir, l'honneur de sa famille, se voit plongé dans l'abîme du malheur!

Tel est l'établissement que nous venons réclamer au nom de l'humanité, au gouvernement, ou tout au moins à la ville de Paris, établissement qui, ainsi que chacun pourra l'apprécier, ferait bientôt envie à toutes les capitales du monde civilisé.

Si quelques-uns de nos lecteurs pouvaient trouver un moyen dont la solution soit beaucoup plus simple et les moyens plus expéditifs que ceux proposés, nous sommes tout disposé à accueillir toutes les propositions qui pourraient nous être adressées. En attendant que cette œuvre, que nous venons de proposer, soit accueillie, nous avons ouvert à cet effet un bureau d'essai pour le placement de tous les sujets dont *Messieurs les maîtres et chefs d'établissements de Paris, des départements et même de l'étranger,* peuvent avoir besoin; *ils les trouveront porteurs de bons certificats*, preuve irrécusable de leur moralité et de leur intelligence [1].

Nous proposant de donner à notre établissement central des travailleurs, toute l'impulsion, tous les moyens d'encou

___
1. Voir *Augmentation du travail*, 2e partie, prix : 25 centimes.

ragements qui puissent nous faire espérer de contribuer au développement de notre entreprise, nous sommes convenus que notre établissement, au lieu de s'approprier généralement tout le produit des honoraires provenant de la commission de chacun des placements, devra en faire hommage à quiconque nous indiquera où il y a, soit un emploi, soit des travaux, soit une place vacante, ou en voie de l'être dans la huitaine.

C'est ainsi que nous espérons, par ces moyens d'encouragement que nous offrons à tous, pouvoir atteindre plus sûrement le but que nous nous sommes proposé : avantage immense des deux côtés et que l'on ne rencontre nulle part ailleurs. Nous espérons que tous les concierges de Paris qui voudront s'associer à notre œuvre bienfaisante, pourront ainsi, et sans se déranger, nous être extrêmement utile à cause de leur position qui les met à même, mieux que personne, de pouvoir nous renseigner utilement, et conséquemment rendre de grands services à celui ou à celle sans emploi. Et comme chaque peine mérite salaire, nous sommes convenus de faire hommage de la moitié au moins et des deux tiers au plus du produit de chacun des honoraires, suivant l'importance des places ou emplois indiqués. Conséquemment, vû notre combinaison, un concierge surtout pourra chaque année se faire une certaine rente, dont l'importance dépendra du nombre plus ou moins considérable d'employés ou domestiques en service dans la maison dont la garde lui est confiée.

Non-seulement tous les concierges qui voudront se donner la peine d'adresser une lettre d'avis à cet effet, à Monsieur le directeur général du Bureau central des travailleurs, auront droit à cette faveur, mais aussi les employés, ouvriers ou domestiques eux-mêmes, qui nous informeront de leur sortie de place, ce qui, par leur mutuel concours, diminuera de la plus forte part des frais occasionnés pour se procurer leur nouvel emploi, pourvu toutefois que nous réussissions à les faire remplacer par l'un des postulants de notre établissement.

Enfin, quiconque nous aura indiqué le premier, soit par une démarche ou une lettre d'avis, l'emploi ou la place vacante, en recevra la commission aussitôt le placement effectué. Lettre d'avis qui devra être affranchie, bien entendu, afin de prévenir tout espèce d'abus. Lettre enfin, indiquant clairement l'emploi proposé, l'importance des gages ou salaire, etc., etc. Enfin, la personne, homme ou femme, ouvrier ou commerçant qui nous aura fourni une indication valable, recevra la commission proposée dont le chiffre peut s'élever depuis 2 francs, au moins, à 5, 10, 20, 50 à 100 francs et plus.

n lit dans le journal **LA PRESSE**, numéro du
15 avril 1854, la nouvelle suivante :

« Une tentative de triple suicide, environnée de circon-
ances tout à fait exceptionnelles, avait causé hier une bien
ouloureuse émotion dans une maison de la rue Mazarine.

« Le sieur R..., ancien négociant dans une ville de pro-
ince, après avoir perdu toute sa fortune dans des spécu-
tions malheureuses, était venu cacher sa misère à Paris et
chercher une occupation quelconque pour nourrir sa
mme et élever son enfant. Depuis plusieurs mois, il avait
nté mille démarches pour trouver du travail; il s'était
inement adressé à ses anciens amis et correspondants, qui,
ans la crainte d'être obligés de lui rendre des services d'un
utre genre, et d'avoir à lui ouvrir leur bourse au besoin,
vaient jugé plus simple et plus prudent de lui fermer leur
orte. Ses faibles ressources n'avaient pas tardé à s'épuiser
omplètement; le découragement avait fini par s'emparer
e lui; l'indigence lui apparaissait dans toute son horreur;
indigence, qu'il craignait moins pour lui-même que pour
s enfants et sa pauvre femme, habituée à toutes les dou-
eurs de l'opulence, et qu'il voyait obligé de travailler pé-
iblement quinze heures par jour pour gagner quinze mi-
érables sous, tandis que lui-même ne trouvait que de rares
critures pour des commerçants ou quelques rôles pour des
otaires.

« Depuis quelques jours, il etait devenu plus triste, plus
battu et semblait rouler dans son esprit un projet funeste.
près bien des supplications et bien des larmes, sa pauvre
mme parvint dans la nuit d'avant-hier, à lui arracher le

secret de son sinistre dessein, et lui offrit de partager son sort. Puisque, après tout, ils ne pouvaient rien l'un et l'autre pour le bonheur de leur enfant, il valait mieux quitter la vie en le recommandant chaleureusement à quelqu'un de leurs anciens amis qui ne serait point assez cruel pour rejeter la prière de deux mourants. Tandis que leur désespoir s'exhalait ainsi sans contrainte, leur jeune fils, qu'ils croyaient endormi, les écoutait en dévorant ses larmes ; puis, quittant furtivement son lit, il vint se jeter dans leurs bras et s'écria avec exaltation : *Je ne veux rien devoir à la charité publique ; j'aurai assez de courage pour mourir avec vous.*

« Ce qui suivit se devine aisément. Surexcités tous les trois par cette même scène douloureuse, ils décidèrent de ne rien remettre au lendemain. Tandis que la mère et son fils faisaient les préparatifs, calfeutraient soigneusement les portes et les fenêtres, allumaient le réchaud mortel, le père écrivait ses dernières dispositions. Puis, tous trois s'embrassèrent d'une suprême étreinte, et attendirent patiemment la mort.

« Cependant le chien d'un autre locataire était couché sur le palier, et, comme si son instinct lui eût révélé le drame qui s'accomplissait dans la chambre voisine, comme s'il eût deviné ce qui se passait ou senti la vapeur méphitique, il se mit à aboyer d'une manière sinistre et avec une instance telle que toute la maison fut bientôt sur pied. L'odeur du charbon, qui n'avait pas tardé à se répandre dans l'escalier, guida les recherches ; on enfonça la porte, et comme les trois victimes avaient à peine perdu connaissance, il fut facile de les rappeler à la vie. »

N'est-ce pas là une des preuves les plus frappantes de ce

que nous avançons ci-joint dans notre brochure. N'est-ce
pas vraiment pitoyable de voir de pareilles choses en plein
XIXe siècle. Et cependant cet exemple en est un sur mille.
Car, nous-mêmes, nous venons de nous attacher un person-
nage qui en a passé de bien cruels. Ne sachant à quoi l'occuper pour qu'il puisse gagner sa vie d'une manière assez
lucrative, pour lui faire supporter sa position, nous a fait
prendre le parti de l'attacher à l'Hôtel des ventes pour y
faire la commission qui a rapport à l'avis ci-après.

RENSEIGNEMENTS MUTUELS.

—

Plusieurs plaintes, qui nous sont arrivées de la part de plusieurs bourgeois, et qui sont relatives à l'abus que font Messieurs les marchands, du privilège exclusif dont ils semblent vouloir s'emparer, soit dans les ventes particulières, soit à l'Hôtel des ventes, rue Rossini, qui, d'après leur mode d'association, défient n'importe quels bourgeois, ouvriers ou amateurs qui voudraient profiter des avantages que l'on ne rencontre nulle part ailleurs que dans les ventes.

Car, dès que ces Messieurs s'aperçoivent qu'un bourgeois, amateur ou ouvrier a l'intention d'acheter un meuble ou un objet quelconque qui leur convient, c'est à qui mettra enchère sur enchère de manière à ce que l'objet qui aurait pu être une occasion pour l'ouvrier comme pour le bourgeois, finit par monter tellement au-dessus de sa valeur réelle, qu'il dégoûte quiconque aurait dès-lors l'intention de l'acheter.

Dans l'intention de pouvoir prévenir à l'avenir l'effet de pareils abus, ayant quelqu'un de très-versé dans la tactique du commerce des ventes, qui nous est attaché, nous invitons donc toutes les personnes qui seraient dans le dessein d'acheter quelque chose dans les ventes, mais qui manqueraient de hardiesse ou de connaissance pour pouvoir acheter, qu'ils peuvent s'adresser, avec toute sécurité, à notre établissement, où il leur sera donné tous les renseignements utiles à cet effet, et nous nous ferons un devoir de leur être agréable, sans pour cela exiger aucun intérêt.

Typographie de Caillot et Cie, rue Cité-le-Cœur, 7.

AUGMENTATION

DU

TRAVAIL

EN FRANCE.

Par CORNU aîné.

Prix : 25 cent.

SCIENCES ET ARTS

—

ENCOURAGEMENT

POUR TOUT CE QUI A RAPPORT

Aux Arts, aux Sciences, à l'Industrie et au Commerce.

PAR CORNU AINÉ

Prix : 50 cent.

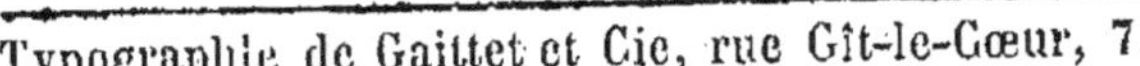

Typographie de Gaittet et Cie, rue Gît-le-Cœur, 7.

www.ingramcontent.com/pod-product-compliance
Lightning Source LLC
Chambersburg PA
CBHW061224050726

47594CB00008B/3797